Norah Custaud

PRIÈRES POUR LES CÉLIBATAIRES

© 2021, Norah Custaud

Édition : Books on Demand,
12/14 rond-Point des Champs-Elysées, 75008 Paris
Impression : BoD - Books on Demand, Norderstedt, Allemagne
ISBN : 9782322182664
Dépôt légal : Avril 2021

PRIÈRES POUR LES CÉLIBATAIRES

Fais de l'Éternel tes délices, et il te donnera ce que ton cœur désire.

I

Ô Seigneur, vous savez combien je désire être dans une relation, mais aidez-moi à garder l'esprit clair et à ne pas me contenter de la mauvaise personne par désespoir. Rappelez-moi que si quelqu'un m'aime, il m'acceptera comme je suis et respectera mes valeurs.

Aidez-moi à comprendre que je ne peux pas résoudre les problèmes chez une autre personne et protégez-moi des chagrins d'amour.

Amen

II

Seigneur gardez mes pensées pour que mes valeurs s'alignent sur les vôtres. Aidez-moi à ne pas être influencé par les normes mondiales de beauté et de caractère mais par ce que vous dites.

Aidez-moi à faire une lecture profonde et intérieure sur ce que je pense et sur ce que mon cœur désire et aidez-moi à m'assurer que je suis en harmonie avec ce que vous désirez et que vous trouvez digne.

Amen

III

Seigneur, il y a beaucoup de choses que je ne comprends pas dans ma vie. Pourquoi je n'ai pas encore rencontré l'élu (e) de mon cœur.

Je t'en supplie de m'aider à surmonter la peur de ne pas trouver mon partenaire ou ma partenaire, la peur de la solitude parce que je sais que tu es présent à mes côtés.

Aide-moi à être une grâce et une joie pour les personnes qui m'entourent.

Amen

IV

Seigneur, je n'arrête pas de lutter et de fuir mes problèmes, en particulier ceux qui proviennent de mes anciennes relations amoureuses.

À chaque fois, je répète les mêmes fautes qui m'empêchent de trouver l'amour auprès d'une nouvelle personne.

Je te demande de me donner le courage de tout poser devant toi. Toi qui es humble et doux de cœur et toujours présent pour me secourir.

Remplis mon cœur d'assurance et d'espérance afin qu'il puisse s'ouvrir avec sérénité au prochain amour qu'il croisera. Au nom de Jésus.

Amen

V

Ô Seigneur, prépare mon cœur à rencontrer la personne que tu as choisie pour moi alors que je commence à chercher le véritable amour.

Fortifie-moi quand je me sens perdu (e). Aide-moi à se souvenir que tu es toujours présent et que je peux te tendre la main dans les moments difficiles, de doute et de solitude.

Amen

VI

Seigneur, je te remercie pour ma vie et pour toutes mes réussites. Je te prie pour que je puisse trouver la personne avec qui je pourrai passer le restant de mes jours.

Je te prie afin que tu m'envoies la bonne personne, une personne sincère et pieuse. Une personne qui m'aimera, me respectera et sera un bon chef de famille.

En attendant cette personne, je te demande de me préparer émotionnellement et de me guider pour que je sois prête pour la personne que tu choisiras pour moi.

Ô Seigneur, je place mon avenir entre tes mains et j'attends le temps que tu trouves convenable pour m'envoyer l'élu (e) de ton choix dans ma vie.

Ainsi soit-il.

VII

Père, je suis célibataire et cette situation peut parfois sembler inacceptable par ma famille, mon entourage et même la société dans laquelle je vis.

Tu as adressé ta parole aux célibataires et aux veuves at aux veufs et tu as dit qu'il était bon de rester célibataires tant que nous avons la maîtrise de soi.

Je te demande de me procurer la force nécessaire pour ne pas me sentir obligé (e) de trouver un partenaire à cause des pressions extérieures.

Donne-moi la confiance afin de réaliser que je suis une personne unique et merveilleuse tout étant célibataire.

Amen

VIII

Ô Seigneur, j'ai confiance en vous. Je sais que vous me donnerez les désirs de mon cœur !

Je suis célibataire en ce moment et je ne suis pas certain (e) que je trouverai l'élu(e) de mon cœur, mon partenaire bientôt. Mais malgré cela, je sais que je peux toujours trouver réconfort en Vous.

Je vous rends grâce Seigneur et je loue votre nom très saint avec tout ce que je suis.

Amen

IX

Ô Seigneur, j'avoue que j'ai gâché plusieurs relations dans le passé par manque de maîtrise de soi. Je ne veux plus que cela continue avec mes futures relations amoureuses.

Aidez-moi à mieux me maîtriser et être à la hauteur de mes valeurs personnelles. Aidez-moi à être fiable et à m'affirmer sans être agressif.

Ainsi soit-il.

Amen

X

Père, je te remercie de m'avoir créée. Je sais que je suis belle personne à tes yeux. D'après ta parole, j'ai appris qu'être célibataire ne signifie pas qu'il y a quelque chose qui ne va pas chez moi.

Je prie pour que je me souvienne toujours que je suis merveilleuse et digne d'amour même si aujourd'hui je suis célibataire. Aide-moi à me rappeler que je serai toujours aimée par toi car je suis ta fille.

Amen

XI

Seigneur, je vous demande de m'aider à fuir le péché sexuel et de résister à la tentation que la société encourage. Je souhaite continuer à vous honorer par mes paroles et mon corps.

Fortifiez mon désir de vous servir au lieu de céder aux plaisirs de ma chair. Je vous prie afin que vous gardiez mes pensées pures.

Ainsi soit-il.

Amen

XII

Jésus, je vous remercie d'avoir créé le mariage et de m'avoir béni avec le désir de devenir une seule chair avec la personne que vous avez choisie pour moi. Même si je ne sais pas qui je vais épouser, je sais que vous le savez.

Je prie pour que vous en fassiez une personne selon votre propre cœur et que vous lui appreniez à entendre votre voix. S'il vous plaît, **donnez-lui** de la sagesse et du discernement, afin qu'elle choisisse de suivre votre exemple. Préparez-la à l'engagement qu'est le mariage.

Amen

XIII

Seigneur, je te remercie parce que je peux compter toujours sur ta présence et ton amitié.

Je te demande la force et la motivation pour pouvoir apprécier chaque jour qui passe malgré mes difficultés.

Apprends-moi à accepter l'aide des autres afin de surmonter ma solitude. Aide-moi à trouver réconfort, confiance et satisfaction dans mon célibat.

Ainsi, soit-il.

XIV

Seigneur Jésus, je te remercie de m'avoir créée une femme ou un homme plein d'amour et d'affection qui n'hésite pas à les offrir aux autres.

Mais tu sais aussi, que je suis très sensible et fragile et j'ai tendance à m'investir émotionnellement dans mes relations qui me blessent si elles ne fonctionnent pas.

Seigneur, je te demande de garder mon cœur des douleurs. Enseigne-moi à fixer des limites pour protéger mon cœur, mon âme et mon esprit.

Amen

XV

Seigneur, je te rends grâce car tu es toujours à mes côtés et tu guides mes pas.

Je te demande qu'à chaque fois, que mes désirs charnels prennent le-dessus sur mes pensées et mon cœur, de me donner la sagesse pour voir à travers ces émotions superficielles.

Aide-moi à ne pas me précipiter dans une relation intime pour rassasier mes besoins charnels mais à attendre le bon moment que tu trouveras convenable pour moi pour que je m'engage dans une relation basée sur l'amour et le respect.

Amen

XVI

Seigneur, remplace mes larmes de tristesse par des larmes de joie. Il y a beaucoup de raisons d'être triste mais je refuse que mon célibat en soit une. Je veux être pleinement épanoui durant cette période.

Apprends-moi à vivre et à m'amuser, sans ressentir le besoin d'être en couple. Donne-moi une paix incommensurable.

Amen

XVII

Seigneur Dieu si telle est ta volonté que je reçoive une compagne ou un compagnon qui deviendra ensuite mon épouse ou mon époux pour que je puisse enfin goûter le bonheur que tu me promets.

J'ai confiance en toi, que ta prophétie se réalise dans les jours et les mois à venir. Bénis-nous Seigneur Jésus et envoie ton Esprit Saint pour qu'il guide nos pas l'un vers l'autre jusqu'à l'accomplissement de ton œuvre.

Amen

XVIII

Père tu nous enseignes que l'homme ne doit pas être seul. Je te prie alors de donner à chaque homme, l'épouse, l'élue de son cœur afin qu'il fonde une famille sainte et heureuse ensemble.

Ainsi, je te prie pour que tous les hommes et femmes célibataires trouvent leur âme sœur !

Amen

XIX

Seigneur, je te remercie parce que tu nous aimes. Je prie pour que tu m'envoies la bonne épouse ou le bon époux.

Que les mauvaises circonstances qui empêchent notre rencontre soient dissipées.

Aide-moi à refuser d'être avec quelqu'un qui te rejette et à être toujours à l'écoute de ta volonté dans ma vie.

Amen

XX

Père, j'avoue que je commence à perdre patience. Je traverse des épisodes de lassitude et d'anxiété.

Aidez-moi à rester fort (e) et de ne jamais prendre des décisions par précipitation ou par imprudence.

Que mon âme puisse trouver refuge en toi et en ta bonté éternelle. Je t'en supplie de me guider dans mes choix professionnels, personnels afin que je puisse faire les bonnes décisions.

Amen

XXI

Je rends grâce au Seigneur, qui m'accorde d'être ainsi aimé de vous ; mais en remplissant votre cœur de charité pour autrui, Il vous a fait à vous-même un don bien plus grand encore, car Dieu nous sait beaucoup plus de gré pour l'amour que nous portons au prochain que pour celui dont nous sommes l'objet. Voilà pourquoi nous devons toujours nous efforcer d'aimer plutôt que d'être aimé, nous en réjouir davantage, estimer enfin qu'aimer est pour nous un plus grand gain qu'être aimé. De même avoir perdu la charité qui nous animait à l'égard de nos frères doit nous causer une douleur beaucoup plus profonde que le fait d'être privés de l'affection d'autrui : il nous faut penser que le dommage est plus considérable, car c'est à celui qui aime, non à celui qui est aimé qu'est due la récompense. Je prie Dieu, pour l'amour de qui vous m'aimez, de vous aimer lui-même ; que ce soit Lui qui vous donne les instructions que vous sollicitez de moi pour vivre saintement ; qu'il vous absolve de tout péché et vous conduise à la vie éternelle.

Amen

        Saint Anselme de Canterbury

XII

Je sens en moi se faire un grand vide que ne remplissent ni l'amitié ni l'étude. J'ignore qui viendra le combler. Sera-ce Dieu, sera-ce une créature ? Si c'est une créature, je prie qu'elle ne se présente que quand je m'en serai rendu digne.

Je prie qu'elle apporte avec elle ce qu'il faudra de charme extérieur pour qu'elle ne laisse place à aucun regret ; mais je prie surtout qu'elle vienne avec une âme excellente, qu'elle apporte une grande vertu, qu'elle vaille beaucoup mieux que moi, qu'elle m'attire en haut, qu'elle ne me fasse pas descendre, qu'elle soit généreuse parce que souvent je suis pusillanime, qu'elle soit fervente parce que je suis tiède dans les choses de Dieu, qu'elle soit compatissante enfin, pour que je n'ai pas à rougir devant elle de mon infériorité.

Ne m'abandonnez pas, Seigneur, faites que je sois aimé ; Vous le savez, ce n'est pas seulement de la douceur que je cherche dans l'Amour, c'est le mépris de toute bassesse, c'est la force de combattre pour le Bien, pour le Vrai.

Amen

                              Frédérique Ozanam

XIII

Sainte Anne nous te prions. Sois la gardienne de la foi en nos cœurs, de la grâce en nos âmes, de l'amour dans nos familles, de la réconciliation dans l'Église, de la paix dans le monde. Garde vivante en nous la vertu d'espérance, guide-nous vers celui (celle) qui réjouira notre cœur et avec qui nous pourrons construire un foyer, source de joie et de paix pour nos frères. Sainte Anne veille sur nous.

Amen

XIV

Seigneur mon Dieu, c'est toi qui façonnas la femme et qui la conduisis vers Adam. C'est toi donc qui, dans ta paternité, trouves et apportes à tes enfants l'âme sœur.

Je me repens, mon Dieu, d'avoir cherché par monts et vallées, dans mon célibat celui ou celle qui est ma moitié sans t'attendre ni recourir à toi. A présent, Seigneur, dans l'obéissance à ta Parole, je te prie de m'aider à discerner la personne de ma vie.

Je me confie à toi, Père éternel, Amour joyeux de l'amour des humains créés à ton image et à ta ressemblance. Je sais que celui qui espère en toi, jamais ne sera déçu. Je ne veux ni me fier à l'apparence ni à ma sensibilité pour ce choix qui engage toute ma vie. Je me laisse éclairer par la lumière de l'Esprit saint pour découvrir et accueillir celui/celle que tu me destines de toute éternité.

Amen

Pacôme Elet

XV

Seigneur mon Dieu, merci pour la grâce du célibat sous toutes ses formes. Sois béni pour tous les états de vie qui sont des canaux de grâce. Au-delà des difficultés qu'offre la vie de célibat, se trouvent ses avantages. Donne-nous un regard qui voit cet état de vie comme un chemin de sainteté et de mission, un chemin de réalisation de soi. Merci Seigneur pour tes bénédictions multiples aux célibataires. À toi louange et gloire pour les siècles des siècles.

Amen

                              Pacôme Elet

Remerciements

J'adresse mes remerciements à Karam, Maria, Meera, Pascal et Rita pour avoir accepté d'être sur la couverture de cet ouvrage.